Tales of Berlin: Bilingual German-English Short Stories

Coledown Bilingual Books

Published by Coledown Bilingual Books, 2023.

While every precaution has been taken in the preparation of this book, the publisher assumes no responsibility for errors or omissions, or for damages resulting from the use of the information contained herein.

TALES OF BERLIN: BILINGUAL GERMAN-ENGLISH SHORT STORIES

First edition. September 28, 2023.

ISBN: 979-8223042266

Written by Coledown Bilingual Books.

Table of Contents

Die Melodien des Lebens

Es war ein sonniger Morgen in Berlin, als Frau Gertrude Müller ihren kleinen Musikladen öffnete. Die goldene Sonne glänzte auf den Kopfsteinpflasterstraßen der Stadt, während die ersten Klänge der Straßenmusiker sanft durch die Luft drangen. Frau Müller war die stolze Besitzerin einer kleinen, aber besonderen Musikschule, die im Herzen von Berlin lag. Ihr Laden war ein versteckter Schatz, den die meisten Berliner noch nicht entdeckt hatten.

Die Musikschule von Frau Müller war kein gewöhnlicher Ort. Hier wurden keine großen Konzerte abgehalten, und es gab keine berühmten Künstler, die hier auftraten. Stattdessen war es ein Ort der Begegnung und der Freude an der Musik. Frau Müller glaubte fest daran, dass Musik die Seele berührt und die Herzen der Menschen miteinander verbindet.

Ihre Musikschule war ein Ort für Menschen jeden Alters, die die Freude am Musizieren entdecken wollten. Von Kindern, die zum ersten Mal eine Violine in den Händen hielten, bis zu älteren Damen und Herren, die in ihrer Rente das Klavierspielen erlernen wollten – bei Frau Müller waren alle willkommen.

Eines Morgens betrat ein junger Mann namens Max die Musikschule. Max war ein aufstrebender Musiker, der gerade nach Berlin gezogen war, um seinen Traum von einer Karriere in der Musik zu verfolgen. Er hatte von Frau Müllers Musikschule gehört und hoffte, hier Inspiration und Unterstützung zu finden.

Frau Müller begrüßte Max mit einem herzlichen Lächeln. "Willkommen in meiner bescheidenen Musikschule", sagte sie. "Hier geht es nicht nur darum, Noten zu lernen und Instrumente zu spielen. Hier geht es darum, die Magie der Musik zu erleben und sie mit anderen zu teilen."

Max war von Frau Müllers Worten und ihrer freundlichen Art berührt. Er entschied sich, hier zu bleiben und seine musikalische Reise in dieser besonderen Schule zu beginnen. Mit der Zeit freundete er sich mit den anderen Schülern an, die hierher kamen, und sie bildeten eine kleine, aber eng verbundene Gemeinschaft.

In den folgenden Wochen begann Max, sein Talent für das Komponieren von Musik zu entdecken. Er schrieb Stücke, die von den Klängen und der Energie der Stadt Berlin inspiriert waren. Frau Müller ermutigte ihn, seine Musik mit den anderen zu teilen, und so wurde die Musikschule zu einem Ort der Kreativität und des Austauschs.

Eines Tages hatte Max die Idee, ein kleines Konzert in der Musikschule zu veranstalten. Er lud seine Mitstudenten ein, gemeinsam mit ihm aufzutreten, und sie stimmten begeistert zu. Die Nachricht von dem Konzert verbreitete sich in der Nachbarschaft, und bald kamen immer mehr Menschen, um die jungen Musiker zu hören.

Das Konzert war ein großer Erfolg. Die Zuschauer waren begeistert von der Leidenschaft und dem Talent der jungen Musiker. Die Musikschule wurde immer bekannter, und immer mehr Schüler schrieben sich ein. Frau Müller war stolz darauf, dass ihre kleine Schule zu einem Ort des musikalischen Wachstums und der Freude geworden war.

Die Musikschule war jedoch nicht nur ein Ort für musikalische Entwicklung, sondern auch für zwischenmenschliche Beziehungen. Max hatte sich in eine der anderen Schülerinnen, Anna, verliebt. Sie teilten nicht nur die Liebe zur Musik, sondern auch ihre Träume und Hoffnungen für die Zukunft.

Eines Abends, nach einem weiteren erfolgreichen Konzert, gestand Max Anna seine Gefühle. "Anna, du bist wie eine Melodie in meinem Herzen", sagte er. "Ich kann mir keine Zukunft ohne dich vorstellen."

Anna lächelte und erwiderte: "Max, du bist meine Inspiration, meine Muse. Gemeinsam können wir noch so viele wunderbare Lieder schreiben."

Die beiden verliebten sich und beschlossen, nicht nur musikalisch, sondern auch im Leben einen gemeinsamen Weg zu gehen. Sie gründeten eine Band und begannen, in Berlin aufzutreten. Ihre Musik berührte die Herzen der Menschen und brachte ihnen Freude und Trost.

Mit der Zeit wurde die Band von Max und Anna immer bekannter, und sie erfüllten sich ihren Traum von einer erfolgreichen musikalischen Karriere. Aber sie vergaßen nie ihre Wurzeln in Frau Müllers Musikschule und kehrten immer wieder dorthin zurück, um ihre Musik zu teilen und die nächste Generation von Musikern zu inspirieren.

Die Musikschule von Frau Müller blieb ein Ort der Freude und der Musik in Berlin. Hier fanden Menschen Trost in schwierigen Zeiten und Freude in den schönen Momenten des Lebens. Die Melodien, die in den Räumen der Schule erklangen, erinnerten die Menschen daran, dass die Musik das Leben verschönern kann, und dass sie in der Lage ist, Herzen zu verbinden und Träume wahr werden zu lassen.

Und so endet unsere Geschichte von der kleinen Musikschule in Berlin, die zu einem Ort der Musik, der Liebe und der Freundschaft wurde. In den Klängen der Musik fanden die Menschen die Melodien des Lebens, die sie für immer begleiten würden.

The Melodies of Life

It was a sunny morning in Berlin when Mrs. Gertrude Müller opened her small music shop. The golden sun shone on the cobblestone streets of the city, while the first sounds of street musicians gently drifted through the air. Mrs. Müller was the proud owner of a small but special music school located in the heart of Berlin. Her shop was a hidden gem that most Berliners had not yet discovered.

Mrs. Müller's music school was not an ordinary place. There were no grand concerts held here, and there were no famous artists performing. Instead, it was a place of connection and the joy of music. Mrs. Müller firmly believed that music touched the soul and brought people's hearts together.

Her music school was a place for people of all ages who wanted to discover the joy of making music. From children holding a violin for the first time to older ladies and gentlemen wanting to learn to play the piano in their retirement, everyone was welcome at Mrs. Müller's.

One morning, a young man named Max entered the music school. Max was an aspiring musician who had just moved to Berlin to pursue his dream of a career in music. He had heard about Mrs. Müller's music school and hoped to find inspiration and support here.

Mrs. Müller welcomed Max with a warm smile. "Welcome to my humble music school," she said. "It's not just about learning notes and playing instruments here. It's about experiencing the magic of music and sharing it with others."

Max was touched by Mrs. Müller's words and her friendly demeanor. He decided to stay and begin his musical journey in this special school. Over time, he made friends with the other students who came here, and they formed a small but closely-knit community.

In the following weeks, Max began to discover his talent for composing music. He wrote pieces inspired by the sounds and energy of the city of Berlin. Mrs. Müller encouraged him to share his music with others, and so the music school became a place of creativity and exchange.

One day, Max had the idea to organize a small concert at the music school. He invited his fellow students to perform with him, and they eagerly agreed. The news of the concert spread through the neighborhood, and soon more and more people came to hear the young musicians.

The concert was a great success. The audience was captivated by the passion and talent of the young musicians. The music school became increasingly well-known, and more students enrolled. Mrs. Müller was proud that her small school had become a place of musical growth and joy.

However, the music school was not only a place for musical development but also for interpersonal relationships. Max had fallen in love with one of the other students, Anna. They shared not only a love for music but also their dreams and hopes for the future.

One evening, after another successful concert, Max confessed his feelings to Anna. "Anna, you are like a melody in my heart," he said. "I can't imagine a future without you."

Anna smiled and replied, "Max, you are my inspiration, my muse. Together, we can write so many wonderful songs."

The two fell in love and decided not only to pursue music together but also a life together. They formed a band and began performing in Berlin. Their music touched people's hearts and brought them joy and comfort.

Over time, Max and Anna's band became more and more famous, and they realized their dream of a successful musical career. But they never forgot their roots in Mrs. Müller's music school and returned there to share their music and inspire the next generation of musicians.

Mrs. Müller's music school remained a place of joy and music in Berlin. Here, people found solace in difficult times and joy in life's beautiful moments. The melodies that echoed in the school's rooms reminded people that music could enrich life and connect hearts, making dreams come true.

And so ends our story of the small music school in Berlin that became a place of music, love, and friendship. In the sounds of music, people found the melodies of life that would accompany them forever.

Die verzauberte Straße

In den verschlungenen Gassen Berlins, dort wo sich Geschichte und Moderne treffen, gab es eine Straße, die für ihr Geheimnis bekannt war. Die Leute nannten sie die "Verzauberte Straße". Ihr richtiger Name war Goethestraße, benannt nach dem berühmten Dichter Johann Wolfgang von Goethe. Aber die Menschen hatten ihr diesen Spitznamen gegeben, weil seltsame Dinge hier vor sich gingen.

Die Goethestraße war eine schmale, gepflasterte Gasse, gesäumt von alten Gebäuden mit kunstvollen Fassaden. In diesen Häusern lebten die unterschiedlichsten Menschen – Künstler, Geschäftsleute, Musiker und Studenten. Die Straße pulsierte vor Leben und Kreativität, und es schien, als ob die Wände der Gebäude Geschichten und Geheimnisse in sich bargen.

Eines sonnigen Morgens entschied sich ein junger Berliner namens Jonas dazu, die Goethestraße zu erkunden. Er war neugierig auf die Geschichten, die über die Straße kursierten, und er hatte gehört, dass sie ein besonderes Geheimnis hütete. Jonas war ein Student der Literatur und glaubte fest daran, dass in den ungewöhnlichsten Orten die besten Geschichten zu finden waren.

Er schlenderte die Goethestraße entlang und bewunderte die antiken Fassaden der Gebäude. Plötzlich hörte er ein leises Murmeln, als ob die Steine selbst zu ihm sprächen. Er blickte sich um, konnte aber niemanden sehen. Das Murmeln wurde lauter, und er konnte Worte erkennen.

"Willkommen in der Goethestraße, junger Wanderer," sagte eine geheimnisvolle Stimme. "Du suchst nach den Geschichten dieser Straße, nicht wahr?"

Jonas war erstaunt. "Ja, das tue ich. Wer spricht da?"

"Wir sind die Wächter der Straße," antwortete die Stimme. "Die Steine, die Bäume, die Vögel – sie alle tragen die Geschichten der Goethestraße in sich. Wenn du bereit bist, zuzuhören, werden wir sie dir erzählen."

Jonas konnte seinen Ohren kaum trauen. Er hatte von vielen Legenden gehört, aber nie zuvor von sprechenden Steinen und Bäumen. Doch seine Neugierde überwog seine Skepsis, und er stimmte zu, den Geschichten der Straße zuzuhören.

Die erste Geschichte, die Jonas hörte, handelte von einer jungen Künstlerin namens Clara, die vor vielen Jahren in einem der alten Gebäude der Goethestraße gelebt hatte. Clara war eine begabte Malerin, aber sie hatte Schwierigkeiten, ihre Inspiration zu finden. Eines Nachts, als der Mond über Berlin aufging, hörte sie leises Flüstern aus ihrer Wand.

"Clara," flüsterte die Wand, "wir tragen die Farben deiner Träume. Male deine Geschichten auf uns, und wir werden sie lebendig werden lassen."

Von diesem Moment an begann Clara, die Wände ihres Zimmers zu bemalen. Sie malte Geschichten von Liebe, Abenteuer und Träumen. Und jedes Gemälde, das sie schuf, wurde lebendig und führte Clara auf magische Reisen in ferne Welten.

Jonas war fasziniert von dieser Geschichte. Er konnte sich kaum vorstellen, wie es gewesen sein musste, in einem Raum zu leben, in dem die Wände Geschichten erzählten. Doch die Straße hatte noch viele weitere Geschichten zu erzählen.

Eine andere Geschichte handelte von einem alten Buchladen in der Goethestraße, geführt von einem weisen Buchhändler namens Herrn Schmidt. Dieser Buchladen war berühmt für seine alten und seltenen Bücher, aber Herr Schmidt hatte ein ganz besonderes Buch, das er niemals verkaufte.

Es war ein verzaubertes Buch, das "Das Buch der Verschwundenen Worte" genannt wurde. Jedes Mal, wenn jemand ein Wort in dieses Buch schrieb, verschwand es aus der Welt. Herr Schmidt hatte die Verantwortung, darauf aufzupassen, dass keine wichtigen Worte verloren gingen.

Eines Tages kam ein kleines Mädchen namens Lena in den Buchladen. Sie hatte ihr Lieblingswort verloren und bat Herrn Schmidt um Hilfe. Mitfühlend öffnete er das Buch der Verschwundenen Worte und zeigte Lena, wie sie ihr Wort zurückbekommen konnte.

Jonas konnte die Magie in der Luft spüren, als er von Lena und ihrem verlorenen Wort hörte. Er fragte sich, welche Worte in diesem Buch wohl aufbewahrt wurden und wie sie die Welt verändert hatten.

Die Sonne stand nun hoch am Himmel, und Jonas hatte schon viele Geschichten gehört. Aber die Straße hatte noch eine letzte Geschichte für ihn. Sie erzählte von einem Musiker namens Elias, der in einem der Hinterhöfe der Goethestraße lebte.

Elias spielte die Violine wie kein anderer. Seine Musik hatte die Kraft, die Herzen der Menschen zu berühren und Tränen in ihren Augen hervorzurufen. Doch Elias hatte ein Geheimnis – er konnte die Melodien hören, die die Stadt selbst sang.

Jeden Abend, wenn die Sonne unterging und Berlin zur Ruhe kam, lauschte Elias den Klängen der Stadt. Er hörte das Flüstern der Blätter in den Bäumen, das Murmeln der Flüsse und die Rufe der Vögel. Und dann spielte er seine Violine und verwandelte diese Klänge in wunderschöne Musik.

Die Menschen kamen von weit her, um Elias spielen zu hören. Seine Konzerte wurden zu magischen Erlebnissen, bei denen die Grenzen zwischen Musik und Natur verschwammen. Und in den Nächten, in denen er spielte, schien die Stadt selbst lebendig zu werden.

Jonas war tief berührt von dieser Geschichte. Er hatte noch nie von einem Musiker gehört, der die Seele einer Stadt in Musik verwandelte. Er verabschiedete sich von den Wächtern der Straße und versprach, wiederkommen zu dürfen, um noch mehr Geschichten zu hören.

Als er die Goethestraße verließ, fühlte Jonas sich erfüllt von den magischen Geschichten, die er gehört hatte. Er wusste, dass er diese Erlebnisse nie vergessen würde und dass er die Geheimnisse der verzauberten Straße für immer in seinem Herzen tragen würde.

Die Goethestraße lebte weiter, ihre Geschichten in den Wänden, den Bäumen und den Steinen, bereit, von jedem Abenteurer, der den Mut hatte, zuzuhören, entdeckt zu werden. Und so ging die Legende der "Verzauberten Straße" in Berlin weiter, wo die Grenzen zwischen Realität und Märchen verschwammen und die Magie der Geschichten die Menschen verband.

The Enchanted Street

In the winding alleys of Berlin, where history and modernity intersect, there was a street known for its mystery. People called it the "Enchanted Street." Its real name was Goethestraße, named after the famous poet Johann Wolfgang von Goethe. But people had given it this nickname because strange things happened here.

Goethestraße was a narrow, cobblestone alley, lined with old buildings with intricate facades. In these buildings lived all sorts of people – artists, businessmen, musicians, and students. The street teemed with life and creativity, and it seemed as if the walls of the buildings held stories and secrets within them.

One sunny morning, a young Berliner named Jonas decided to explore Goethestraße. He was curious about the stories circulating about the street, and he had heard that it harbored a special secret. Jonas was a literature student and firmly believed that the best stories could be found in the most unusual places.

He strolled along Goethestraße, admiring the ancient facades of the buildings. Suddenly, he heard a soft murmur, as if the stones themselves were speaking to him. He looked around but couldn't see anyone. The murmuring grew louder, and he could discern words.

"Welcome to Goethestraße, young wanderer," said a mysterious voice. "You seek the stories of this street, don't you?"

Jonas was astonished. "Yes, I do. Who is speaking?"

"We are the guardians of the street," replied the voice. "The stones, the trees, the birds – they all carry the stories of Goethestraße within them. If you are willing to listen, we will tell them to you."

Jonas could hardly believe his ears. He had heard of many legends, but never before of talking stones and trees. However, his curiosity outweighed his skepticism, and he agreed to listen to the stories of the street.

The first story Jonas heard was about a young artist named Clara who had lived in one of the old buildings on Goethestraße many years ago. Clara was a talented painter, but she struggled to find her inspiration. One night, as the moon rose over Berlin, she heard a soft whisper from her wall.

"Clara," the wall whispered, "we carry the colors of your dreams. Paint your stories on us, and we will bring them to life."

From that moment on, Clara began painting the walls of her room. She painted stories of love, adventure, and dreams. And every painting she created came to life, taking Clara on magical journeys to distant worlds.

Jonas was captivated by this story. He could hardly imagine what it must have been like to live in a room where the walls told stories. But the street had many more stories to tell.

Another story was about an old bookstore on Goethestraße, run by a wise bookseller named Mr. Schmidt. This bookstore was famous for its rare and ancient books, but Mr. Schmidt had a very special book that he never sold.

It was an enchanted book called "The Book of Lost Words." Every time someone wrote a word in this book, it disappeared from the world. Mr. Schmidt was entrusted with the responsibility of ensuring that no important words were lost.

One day, a little girl named Lena entered the bookstore. She had lost her favorite word and asked Mr. Schmidt for help. Compassionately, he opened "The Book of Lost Words" and showed Lena how to retrieve her word.

Jonas could feel the magic in the air as he heard about Lena and her lost word. He wondered which words were stored in this book and how they had changed the world.

The sun was now high in the sky, and Jonas had heard many stories. But the street had one last tale for him. It told of a musician named Elias who lived in one of the courtyards of Goethestraße.

Elias played the violin like no other. His music had the power to touch people's hearts and bring tears to their eyes. But Elias had a secret – he could hear the melodies that the city itself sang.

Every evening, as the sun set and Berlin settled into stillness, Elias would listen to the sounds of the city. He heard the whisper of leaves in the trees, the murmur of rivers, and the calls of birds. And then he would play his violin, transforming these sounds into beautiful music.

People came from far and wide to hear Elias play. His concerts became magical experiences where the boundaries between music and nature blurred. And on the nights he played, the city itself seemed to come alive.

Jonas was deeply moved by this story. He had never heard of a musician who turned a city's soul into music. He bid farewell to the guardians of the street, promising to return to hear more stories.

As he left Goethestraße, Jonas felt filled with the magical stories he had heard. He knew he would never forget these experiences and that he would carry the secrets of the enchanted street in his heart forever.

Goethestraße continued to live on, its stories stored in the walls, the trees, and the stones, ready to be discovered by any adventurer who had the courage to listen. And so, the legend of the "Enchanted Street" in Berlin continued, where the boundaries between reality and fairy tales blurred, and the magic of stories connected people.

Das Geheimnis des Berliner Uhrenturms

Es war ein kühler Herbstabend in Berlin, als Emma, eine junge Kunststudentin, sich auf den Weg zum berühmten Berliner Uhrenturm machte. Der Uhrenturm stand majestätisch im Herzen der Stadt und war von einem großen Park umgeben, der im Herbst in leuchtenden Farben erstrahlte. Emma hatte schon oft von den Legenden über den Uhrenturm gehört und war entschlossen, sein Geheimnis zu lüften.

Als sie den Park erreichte, fiel ihr sofort die imposante Gestalt des Uhrenturms auf. Er ragte hoch in den Himmel und wirkte beinahe märchenhaft. Seine Uhr zeigte bereits kurz vor Mitternacht an, obwohl es erst früher Abend war. Das war eines der Rätsel, die den Turm umgaben.

Emma setzte sich auf eine Bank in der Nähe des Turms und beobachtete die vorbeigehenden Passanten. Sie wusste, dass sie nicht die Einzige war, die auf das Geheimnis des Uhrenturms neugierig war. Die Berliner erzählten sich Geschichten über die seltsamen Vorkommnisse, die hier nachts stattfanden.

Während sie auf der Bank saß, hörte Emma leise Schritte hinter sich. Sie drehte sich um und sah einen älteren Herrn, der mit einem langen Mantel und einem Hut bekleidet war. Sein Gesicht war von Falten gezeichnet, und er trug einen geheimnisvollen Ausdruck in den Augen.

"Entschuldigen Sie die Störung, junge Dame", sagte der Mann höflich. "Aber ich habe bemerkt, dass Sie den Uhrenturm beobachten. Sind Sie auch auf der Suche nach dem Geheimnis?"

Emma war überrascht, dass der Fremde ihre Gedanken erraten konnte. "Ja, ich bin neugierig auf das Geheimnis des Uhrenturms. Haben Sie vielleicht Informationen darüber?"

Der Mann lächelte leicht und setzte sich auf die Bank neben Emma. "Ich habe viele Jahre meines Lebens mit der Erforschung dieses Turms verbracht", begann er. "Lassen Sie mich Ihnen eine Geschichte erzählen, die vielleicht Licht ins Dunkel bringt."

Er erzählte Emma von einer Legende, die sich um den Uhrenturm rankte. Vor vielen Jahrhunderten, so erzählte er, habe ein berühmter Uhrmacher namens Heinrich Meier den Turm erbaut. Heinrich Meier galt als ein Genie seines Fachs und hatte eine Uhr geschaffen, die als Wunderwerk galt.

Die Uhr des Uhrenturms war nicht nur präzise, sondern hatte auch die Fähigkeit, die Zeit zu verlangsamen oder zu beschleunigen. Heinrich Meier hatte sein Geheimnis gut gehütet und niemandem verraten, wie er dieses Wunderwerk vollbracht hatte.

"Die Legende besagt, dass die Uhr des Uhrenturms die Fähigkeit hat, das Leben der Menschen zu beeinflussen", fuhr der Mann fort. "Sie kann Momente verlängern, die von besonderer Bedeutung sind, oder unliebsame Augenblicke verkürzen. Doch sie wählt selbst, welche Menschen sie begünstigt und welche nicht."

Emma lauschte gebannt der Geschichte. Sie konnte sich kaum vorstellen, dass eine Uhr solche Kräfte besaß. "Aber warum ist die Uhr auf Mitternacht eingestellt, wenn es erst Abend ist?" fragte sie.

Der Mann nickte verständnisvoll. "Das ist eines der Geheimnisse des Uhrenturms. Es heißt, dass die Uhr die Mitternacht als eine Art Wartezeit verwendet. Sie wartet auf diejenigen, die nach dem Geheimnis suchen. Wenn sie glaubt, dass jemand würdig ist, ihr Geheimnis zu erfahren, wird sie die Zeit für diesen Menschen verlangsamen und ihm Zugang gewähren."

Emma spürte, wie ihre Neugierde wuchs. "Aber wie kann man herausfinden, ob man würdig ist?"

Der Mann lächelte wieder. "Das ist eine Frage, die jeder für sich selbst beantworten muss. Man muss aufrichtig nach dem Geheimnis suchen, ohne persönliche Interessen oder Gier. Man muss bereit sein, die Konsequenzen zu akzeptieren, die das Wissen um das Geheimnis mit sich bringt."

Als die Worte des Mannes verklungen waren, fiel ein seltsamer Schatten über den Turm. Emma blickte nach oben und sah, dass die Uhr tatsächlich stehen geblieben war – kurz vor Mitternacht. Das war das Zeichen, auf das sie gewartet hatte.

"Oh mein Gott", flüsterte Emma aufgeregt. "Ich glaube, die Uhr hat auf mich gewartet!"

Der Mann nickte. "Es scheint so. Wenn Sie sich dazu entschließen, das Geheimnis zu erfahren, werden Sie eine besondere Reise antreten. Seien Sie bereit, alles in Frage zu stellen, was Sie über die Zeit und das Leben wissen."

Emma zögerte einen Moment, aber dann nickte sie entschlossen. "Ich bin bereit. Ich möchte das Geheimnis des Uhrenturms lüften."

Der Mann erhob sich von der Bank und legte einen Zettel vor Emma ab. "Hier ist meine Adresse. Wenn Sie weitere Informationen benötigen oder Hilfe auf Ihrer Reise brauchen, können Sie mich jederzeit kontaktieren. Aber denken Sie daran, das Geheimnis ist nicht ohne Risiken. Gehen Sie mit Bedacht vor."

Mit diesen Worten verschwand der Mann in der Dunkelheit des Parks. Emma blickte auf den Zettel und nahm sich vor, sich auf die Reise zu begeben, die vor ihr lag.

In den nächsten Tagen begann Emma, sich intensiv mit der Geschichte des Uhrenturms zu beschäftigen. Sie las Bücher, recherchierte im Internet und sprach mit Menschen, die ebenfalls von dem Geheimnis fasziniert waren. Sie erfuhr von Geschichten über Menschen, die nach dem Wissen der Uhr gesucht hatten und von denen einige nie wieder gesehen wurden.

Schließlich entschied sich Emma, den Kontakt zu dem geheimnisvollen Mann aufzunehmen. Sie schrieb ihm einen Brief und erklärte ihre Entschlossenheit, das Geheimnis des Uhrenturms zu lüften. Wenige Tage später erhielt sie eine Antwort, in der der Mann sie zu einem Treffen in einer alten Bibliothek einlud.

Als Emma die Bibliothek betrat, fühlte sie sich wie in eine andere Zeit versetzt. Die Regale waren voller staubiger Bücher, und das Licht drang gedämpft durch hohe Fenster. Der Mann wartete bereits auf sie und begrüßte sie mit einem Lächeln.

"Sie haben den Mut, sich auf diese Reise zu begeben", sagte er. "Das ist bewundernswert. Aber seien Sie gewarnt, die Uhr des Uhrenturms hütet ihr Geheimnis streng."

Emma nickte und sagte: "Ich bin bereit, die Konsequenzen zu akzeptieren. Bitte erzählen Sie mir mehr."

Der Mann begann, ihr von den verschiedenen Etappen ihrer Reise zu berichten. Sie würde Aufgaben lösen müssen, die die Zeit selbst betrafen, und Hindernisse überwinden, die sie auf die Probe stellen würden. Doch er betonte, dass sie stets auf ihr Herz und ihren Verstand hören sollte, um die richtigen Entscheidungen zu treffen.

Die erste Etappe führte Emma in das Herz von Berlin, wo sie auf eine mysteriöse Uhr stieß, die die Zeit verlangsamen konnte. Sie musste die Uhr finden und sie in Gang setzen, um den ersten Teil der Aufgabe zu erfüllen. In einem versteckten Raum unter dem Berliner Dom, einem der ältesten Gebäude der Stadt, entdeckte sie die Uhr.

Mit zitternden Händen stellte Emma die Uhr in Gang, und sie begann zu ticken. Sofort spürte sie, wie die Zeit um sie herum verlangsamt wurde. Die Menschen bewegten sich wie in Zeitlupe, und sie selbst schien sich in einem anderen Tempo zu bewegen.

Die nächste Aufgabe führte Emma in den Park rund um den Uhrenturm. Hier sollte sie eine alte Eiche finden, von der es hieß, dass sie die Weisheit der Jahrhunderte barg. Unter der Eiche fand sie ein altes Buch mit vergilbten Seiten, das ihr Rätsel aufgab, die sie lösen musste.

Mit Geduld und Intuition entschlüsselte Emma die Rätsel und fand schließlich die Lösungen im Buch. Sie spürte, wie die Weisheit der Eiche in ihr strömte und sie mit einem tieferen Verständnis für die Zeit und das Leben erfüllte.

Die Reise führte Emma weiter zu einem verlassenen Theater in Berlin, das einst ein Ort großer Vorstellungen gewesen war. Hier musste sie sich auf eine Bühne begeben und eine eigene Geschichte erzählen, die die Herzen der Menschen berührte. Mit einem gefühlvollen Monolog verzauberte sie die unsichtbare Zuschauermenge und spürte, wie die Zeit um sie herum zu tanzen schien.

Die letzten Etappen der Reise waren die anspruchsvollsten. Emma musste sich selbst und ihre Beziehung zur Zeit in Frage stellen. Sie durchlief Momente der Freude, der Trauer und der Erkenntnis. Sie erfuhr, dass die Zeit kostbar war, und dass sie selbst die Wahl hatte, wie sie sie nutzen wollte.

Schließlich kehrte Emma zum Uhrenturm zurück, und die Uhr zeigte kurz vor Mitternacht an. Die Worte des geheimnisvollen Mannes hallten in ihrem Kopf wider: "Die Uhr wählt selbst, welche Menschen sie begünstigt und welche nicht."

Mit einem klopfenden Herzen näherte sich Emma dem Uhrenturm. Sie spürte, dass sie sich verändert hatte und dass sie das Geheimnis der Uhr auf eine tiefere Weise verstand. Die Uhr schien auf sie zu warten.

Als sie den Turm betrat, fand sie sich in einem Raum wieder, der mit rätselhaften Symbolen und Zeichen geschmückt war. In der Mitte des Raumes stand ein weiterer Uhrmacher, der den Uhrenturm hütete. Er sah Emma an und nickte.

"Du hast deine Reise erfolgreich abgeschlossen", sagte er. "Du hast das Geheimnis der Zeit ergründet und die Prüfungen bestanden. Jetzt steht es dir frei, das Geheimnis des Uhrenturms zu erfahren."

Mit zitternden Händen näherte sich Emma der Uhr des Uhrenturms. Sie spürte, wie die Zeit stillzustehen schien, als sie die Uhr berührte. Plötzlich überfluteten Bilder und Erinnerungen ihren Geist.

Sie sah Momente aus ihrer eigenen Vergangenheit, die sie vergessen hatte, und Momente aus der Zukunft, die sie noch nicht erlebt hatte. Sie sah die Menschen, die sie geliebt hatte, und die Menschen, die noch in ihr Leben treten würden.

Und dann hörte sie eine sanfte Stimme in ihrem Inneren, die ihr sagte: "Die Zeit ist ein Geschenk. Nutze sie weise und liebevoll. Verwirkliche deine Träume und sei dankbar für jeden Moment, den du hast."

Als Emma aus ihren Gedanken erwachte, befand sie sich wieder draußen vor dem Uhrenturm. Die Uhr zeigte Mitternacht an, und die Zeit begann wieder zu fließen. Aber etwas hatte sich verändert.

Emma fühlte, dass sie nun eine tiefere Verbindung zur Zeit hatte, eine Verbindung, die es ihr ermöglichte, das Leben in all seinen Facetten zu schätzen. Sie verstand, dass die Zeit nicht nur ein Uhrwerk war, sondern ein kostbares Geschenk, das es zu schätzen galt.

Mit einem Lächeln kehrte Emma in ihr Leben zurück. Sie wusste, dass sie das Geheimnis des Uhrenturms gelüftet hatte, aber sie trug es in ihrem Herzen, anstatt es zu verraten. Sie hatte gelernt, dass das Geheimnis der Zeit in der Art und Weise liegt, wie wir sie leben.

Und so ging die Legende des Berliner Uhrenturms weiter, ein Geheimnis, das von denen gehütet wurde, die die Reise gewagt hatten, und von denen, die die Zeit in all ihrer Schönheit und Tiefe schätzten.

The Secret of the Berlin Clock Tower

It was a cool autumn evening in Berlin when Emma, a young art student, made her way to the famous Berlin Clock Tower. The clock tower stood majestically in the heart of the city, surrounded by a large park that glowed with vibrant colors in the fall. Emma had heard many legends about the clock tower and was determined to uncover its secret.

As she reached the park, she was immediately struck by the impressive figure of the clock tower. It towered high into the sky and almost seemed like something out of a fairy tale. Its clock already showed almost midnight, even though it was only early evening. This was one of the mysteries surrounding the tower.

Emma sat down on a bench near the tower and watched the passersby. She knew she wasn't the only one curious about the clock tower's secret. Berliners had told stories of strange occurrences that happened here at night.

While she sat on the bench, Emma heard faint footsteps behind her. She turned around and saw an elderly gentleman dressed in a long coat and a hat. His face was lined with wrinkles, and his eyes held a mysterious expression.

"Excuse the interruption, young lady," the man said politely. "But I noticed you observing the clock tower. Are you also searching for the secret?"

Emma was surprised that the stranger could read her thoughts. "Yes, I am curious about the secret of the clock tower. Do you happen to have any information about it?"

The man smiled gently and sat down on the bench beside Emma. "I have spent many years of my life researching this tower," he began. "Allow me to tell you a story that may shed some light."

He told Emma a legend that revolved around the clock tower. Many centuries ago, he said, a famous clockmaker named Heinrich Meier had constructed the tower. Heinrich Meier was considered a genius of his craft and had created a clock that was regarded as a marvel.

The clock of the clock tower was not only precise but also had the ability to slow down or accelerate time. Heinrich Meier had kept his secret well and had never revealed how he had accomplished this wonder.

"The legend goes that the clock of the clock tower has the ability to influence people's lives," the man continued. "It can elongate moments of significance or shorten unpleasant ones. However, it chooses on its own which people it favors and which it does not."

Emma listened intently to the story. She could hardly imagine a clock possessing such powers. "But why is the clock set to midnight when it's only evening?" she asked.

The man nodded understandingly. "That is one of the mysteries of the clock tower. It is said that the clock uses midnight as a sort of waiting time. It waits for those who seek its secret. If it believes someone is worthy of learning its secret, it will slow down time for that person and grant them access."

Emma could feel her curiosity growing. "But how can one find out if they are worthy?"

The man smiled again. "That is a question each person must answer for themselves. One must sincerely seek the secret without personal interests or greed. One must be prepared to accept the consequences that come with the knowledge of the secret."

As the man's words faded, a strange shadow fell over the tower. Emma looked up and saw that the clock had indeed stopped – just before midnight. This was the sign she had been waiting for.

"Oh my goodness," Emma whispered excitedly. "I believe the clock has been waiting for me!"

The man nodded. "It seems so. If you decide to learn the secret, you will embark on a special journey. Be ready to question everything you know about time and life."

Emma hesitated for a moment but then nodded determinedly. "I am ready. I want to uncover the secret of the clock tower."

The man got up from the bench and placed a piece of paper in front of Emma. "Here is my address. If you need further information or assistance on your journey, you can contact me anytime. But remember, the secret is not without risks. Proceed with caution."

With these words, the man disappeared into the darkness of the park. Emma looked at the piece of paper and resolved to embark on the journey that lay ahead.

In the following days, Emma began to delve deeply into the history of the clock tower. She read books, conducted online research, and spoke to people who were also fascinated by the secret. She learned about stories of individuals who had sought the clock's knowledge, and some of whom were never seen again.

Eventually, Emma decided to make contact with the mysterious man. She wrote him a letter, explaining her determination to uncover the clock tower's secret. A few days later, she received a response inviting her to meet at an old library.

As Emma entered the library, she felt as though she had stepped into another time. The shelves were filled with dusty books, and the light filtered dimly through tall windows. The man was already waiting for her, greeting her with a smile.

"You have the courage to embark on this journey," he said. "That is admirable. But be warned, the clock of the clock tower guards its secret closely."

Emma nodded and said, "I am ready to accept the consequences. Please tell me more."

The man began to explain the various stages of her journey. She would need to solve tasks related to time itself and overcome obstacles that would test her. However, he emphasized that she should always listen to her heart and her mind to make the right decisions.

The first stage of the journey led Emma to the heart of Berlin, where she encountered a mysterious clock that had the power to slow down time. She needed to find this clock and set it in motion to fulfill the first part of her task. In a hidden room beneath the Berlin Cathedral, one of the oldest buildings in the city, she discovered the clock.

With trembling hands, Emma started the clock, and it began to tick. Immediately, she felt time slowing down around her. People moved in slow motion, and she herself seemed to exist at a different pace.

The next task led Emma to the park surrounding the clock tower. Here, she was to find an ancient oak tree said to hold the wisdom of centuries. Beneath the oak, she found an old book with yellowed pages that presented her with riddles she needed to solve.

With patience and intuition, Emma deciphered the riddles and eventually found the solutions within the book. She felt the wisdom of the oak flowing into her, granting her a deeper understanding of time and life.

The journey took Emma to an abandoned theater in Berlin, once a place of great performances. Here, she was to step onto a stage and tell her own story that would touch people's hearts. With a heartfelt monologue, she enchanted an invisible audience, feeling as though time itself danced around her.

The final stages of the journey proved to be the most challenging. Emma had to question herself and her relationship with time. She experienced moments of joy, sorrow, and revelation. She learned that time was precious and that she had the choice of how to use it.

Finally, Emma returned to the clock tower, and the clock showed almost midnight again. The words of the mysterious man echoed in her mind: "The clock chooses on its own which people it favors and which it does not."

With a pounding heart, Emma approached the clock tower. She felt that she had changed and that she now understood the clock's secret in a deeper way. The clock seemed to be waiting for her.

As she entered the tower, she found herself in a room adorned with mysterious symbols and signs. In the center of the room stood another clockmaker, the guardian of the clock tower. He looked at Emma and nodded.

"You have successfully completed your journey," he said. "You have unraveled the secret of time and passed the trials. Now, you are free to learn the clock tower's secret."

With trembling hands, Emma approached the clock of the clock tower. She felt as though time had come to a standstill as she touched the clock. Suddenly, images and memories flooded her mind.

She saw moments from her own past that she had forgotten and moments from the future that she had yet to experience. She saw the people she had loved and those who would enter her life.

And then, she heard a gentle voice within her, saying, "Time is a gift. Use it wisely and with love. Fulfill your dreams and be grateful for every moment you have."

When Emma emerged from her thoughts, she was outside the clock tower again. The clock showed midnight, and time began to flow once more. But something had changed.

Emma felt that she now had a deeper connection to time, a connection that allowed her to appreciate life in all its facets. She understood that time was not just a mechanism but a precious gift to be cherished.

With a smile, Emma returned to her life. She knew that she had uncovered the secret of the clock tower, but she carried it in her heart rather than revealing it. She had learned that the secret of time lay in how we live it.

And so, the legend of the Berlin Clock Tower continued, a secret guarded by those who had dared to embark on the journey and by those who valued time in all its beauty and depth.

Die verschwundene Melodie von Berlin

Berlin, die pulsierende Hauptstadt Deutschlands, war berühmt für ihre Vielfalt und ihre kulturelle Schönheit. Doch unter all den Geschichten, die in den Straßen der Stadt lebten, gab es eine, die in Vergessenheit geraten war, bis eines Tages ein junger Musiker namens Max sie wieder zum Leben erweckte.

Max war ein begabter Geiger, der seit seiner Kindheit von der Musik fasziniert war. Er hatte Berlin vor Jahren verlassen, um an einem renommierten Konservatorium in Wien zu studieren. Nach Jahren des harten Trainings und der Hingabe kehrte er nach Berlin zurück, um seine Musik der Stadt zu schenken, die er liebte.

Eines Tages, während er durch den belebten Tiergarten spazierte und sein Geigenkasten sanft auf dem Rücken trug, hörte Max eine Melodie im Wind. Sie war leise und zart, fast wie ein Hauch von Musik, der durch die Bäume und Blumen des Parks schwebte.

Max blieb stehen und lauschte. Die Melodie war so wunderschön, dass er den Atem anhielt. Er hatte in seinem Leben viele Stücke gehört, aber diese Melodie war anders. Sie schien direkt aus der Seele der Stadt zu kommen.

Er folgte dem Klang der Melodie durch den Tiergarten, vorbei an den alten Bäumen und den schimmernden Teichen.

Schließlich führte ihn die Melodie zu einer versteckten Ecke des Parks, in der eine vergessene Skulptur stand.

Die Skulptur war ein Denkmal für einen berühmten Berliner Musiker namens Carl, der vor vielen Jahrzehnten gelebt hatte. Carl war ein begnadeter Geiger und Komponist, der die Herzen der Menschen mit seiner Musik berührte. Doch nach seinem Tod war seine Musik in Vergessenheit geraten.

Max konnte spüren, dass die Melodie, die er gehört hatte, von dieser Statue ausging. Er nahm seine Geige aus dem Kasten und begann, die Melodie zu spielen. Es war, als ob die Statue selbst zum Leben erwachte, und Max fühlte, dass er mit Carl in Verbindung stand.

Die Melodie, die Max spielte, war eine Hommage an Carl und seine verlorenen Kompositionen. Die Noten flossen aus seinem Herzen und verschmolzen mit der Stadt Berlin. Die Menschen, die den Tiergarten besuchten, blieben stehen und lauschten gebannt der wunderschönen Musik.

Unter den Zuhörern befand sich auch eine ältere Frau namens Klara, die in ihrer Jugend Carl persönlich gekannt hatte. Sie war eine enge Freundin des Musikers gewesen und hatte seine Musik geliebt. Als sie die Melodie hörte, kamen ihr die Tränen in die Augen.

Nachdem Max sein Spiel beendet hatte, trat Klara auf ihn zu. "Du hast die verschwundene Melodie von Berlin gefunden", sagte sie mit bewegter Stimme. "Sie wurde vor langer Zeit vergessen, aber du hast sie wieder zum Leben erweckt."

Max war erstaunt. "Du kanntest Carl persönlich? Kannst du mir mehr über ihn und seine Musik erzählen?"

Klara nickte und lud Max zu sich nach Hause ein, um ihm von Carl und seiner leidenschaftlichen Liebe zur Musik zu erzählen. Sie zeigte ihm alte Notenbücher und Erinnerungsstücke, die sie über die Jahre aufbewahrt hatte.

Carl, so erzählte Klara, war ein bescheidener Mann, der in den Straßen Berlins spielte, um seinen Lebensunterhalt zu verdienen. Doch seine Musik war alles andere als gewöhnlich. Sie hatte die Kraft, die Menschen zu berühren und sie mit einem Gefühl von Hoffnung und Freude zu erfüllen.

Eines Tages, so erzählte Klara weiter, hatte Carl eine Melodie komponiert, die als sein Meisterwerk galt. Es war eine Melodie, die die Essenz von Berlin selbst einzufangen schien. Doch kurz nachdem er sie komponiert hatte, verschwand das Notenbuch, in dem sie niedergeschrieben war, auf mysteriöse Weise.

"Carl war verzweifelt", sagte Klara. "Er suchte überall nach der verschwundenen Melodie, konnte sie aber nie wiederfinden. Sein Herz war gebrochen, und er hörte auf, zu spielen."

Max fühlte, wie sein eigenes Herz schwer wurde. Die Geschichte von Carl und seiner verlorenen Melodie berührte ihn zutiefst. Er wusste, dass er dazu berufen war, die Melodie wiederzufinden und sie der Welt zu schenken.

In den folgenden Wochen widmete Max all seine Zeit der Suche nach der verschwundenen Melodie. Er durchkämmte Archive, sprach mit Musikexperten und suchte nach Hinweisen, die ihm helfen könnten. Doch die Melodie schien wie vom Erdboden verschluckt.

Eines Abends, als Max frustriert und müde nach Hause kam, setzte er sich mit seiner Geige auf den Balkon seiner Wohnung und begann wahllos zu spielen. Er spielte einfach, ohne nachzudenken, und ließ seine Gefühle durch die Musik ausdrücken.

Und dann geschah etwas Unglaubliches. Die Melodie, die er spielte, war die verschwundene Melodie von Carl. Sie floss aus seinen Fingern, als ob sie nie verloren gewesen wäre. Max konnte es kaum fassen. Er hatte die Melodie gefunden.

Die Musik führte Max zu einem alten Buchladen in Berlin, der seit Generationen von einer Familie geführt wurde. Dort traf er einen alten Buchhändler namens Herr Müller, der die Geschichte von Carl und seiner verschwundenen Melodie kannte.

Herr Müller erzählte Max, dass das Notenbuch, in dem die Melodie niedergeschrieben war, vor vielen Jahren in den Besitz des Buchladens gelangt war. Es war bei einem Flohmarktverkauf aufgetaucht und hatte sich als wertvoll erwiesen. Die Familie Müller hatte es behalten, ohne zu wissen, dass es sich um das verlorene Meisterwerk von Carl handelte.

Max konnte sein Glück kaum fassen. Er erklärte Herrn Müller, wie wichtig diese Melodie für die Stadt Berlin war und wie sehr sie die Herzen der Menschen berührte. Herr Müller stimmte zu, das Notenbuch zurückzugeben, und bat Max nur um eins:

ein Konzert, bei dem die Melodie von Carl wieder zum Leben erweckt werden sollte.

Max stimmte freudig zu, und bald darauf fand das Konzert statt. Der Saal war bis auf den letzten Platz gefüllt, und die Menschen warteten gespannt darauf, die verschwundene Melodie von Berlin zu hören.

Als Max die Melodie auf seiner Geige spielte, füllte sie den Raum mit einer unbeschreiblichen Schönheit. Die Menschen spürten, wie die Melodie ihre Herzen berührte und Erinnerungen an vergangene Zeiten weckte. Tränen der Freude flossen, und Applaus brach aus, als Max sein Spiel beendete.

Die verschwundene Melodie von Berlin war wieder da, lebendiger und kraftvoller denn je. Sie erinnerte die Menschen daran, was es bedeutete, Berliner zu sein, und wie die Musik die Seele einer Stadt widerspiegeln konnte.

Max hatte seine Mission erfüllt, und er wusste, dass er nun ein Teil der Geschichte Berlins war. Die Melodie von Carl würde nie wieder vergessen werden, und Max würde sie für immer in seinem Herzen tragen.

Und so endete die Geschichte von Max und der verschwundenen Melodie von Berlin, eine Geschichte von Leidenschaft, Musik und der unzerbrechlichen Verbindung zwischen einem Musiker und seiner geliebten Stadt.

The Vanished Melody of Berlin

Berlin, the pulsating capital of Germany, was famous for its diversity and cultural beauty. But among all the stories that lived in the streets of the city, there was one that had been forgotten until one day a young musician named Max revived it.

Max was a talented violinist who had been fascinated by music since his childhood. He had left Berlin years ago to study at a renowned conservatory in Vienna. After years of rigorous training and dedication, he returned to Berlin to share his music with the city he loved.

One day, while strolling through the bustling Tiergarten with his violin case gently resting on his back, Max heard a melody in the wind. It was soft and delicate, almost like a whisper of music floating through the trees and flowers of the park.

Max stopped and listened. The melody was so beautiful that he held his breath. He had heard many pieces in his life, but this melody was different. It seemed to come straight from the soul of the city.

He followed the sound of the melody through the Tiergarten, past the old trees and shimmering ponds. Eventually, the melody led him to a hidden corner of the park where a forgotten sculpture stood.

The sculpture was a monument to a famous Berlin musician named Carl, who had lived many decades ago. Carl was a gifted violinist and composer who touched people's hearts with his music. But after his death, his music had fallen into oblivion.

Max could feel that the melody he had heard emanated from this statue. He took his violin out of the case and began to play the melody. It was as if the statue itself came to life, and Max felt a connection with Carl.

The melody Max played was a tribute to Carl and his lost compositions. The notes flowed from his heart and merged with the city of Berlin. People visiting the Tiergarten stopped and listened spellbound to the beautiful music.

Among the listeners was an elderly woman named Klara, who had known Carl personally in her youth. She had been a close friend of the musician and had loved his music. When she heard the melody, tears welled up in her eyes.

After Max finished his performance, Klara approached him. "You have found Berlin's vanished melody," she said with a moved voice. "It was forgotten long ago, but you have brought it back to life."

Max was astonished. "You knew Carl personally? Can you tell me more about him and his music?"

Klara nodded and invited Max to her home to tell him about Carl and his passionate love for music. She showed him old notebooks and memorabilia that she had kept over the years.

Carl, as Klara told it, was a humble man who played in the streets of Berlin to make a living. But his music was anything but ordinary. It had the power to touch people and fill them with a sense of hope and joy.

One day, Klara continued, Carl had composed a melody that was considered his masterpiece. It was a melody that seemed to capture the essence of Berlin itself. But shortly after composing it, the notebook in which it was written mysteriously disappeared.

"Carl was desperate," Klara said. "He searched everywhere for the vanished melody but could never find it again. His heart was broken, and he stopped playing."

Max felt his own heart grow heavy. The story of Carl and his lost melody deeply moved him. He knew he was destined to find the melody again and share it with the world.

In the following weeks, Max devoted all his time to searching for the vanished melody. He combed through archives, spoke with music experts, and looked for clues that could help him. But the melody seemed to have disappeared without a trace.

One evening, as Max returned home frustrated and tired, he sat on the balcony of his apartment with his violin and began to play aimlessly. He played without thinking, allowing his emotions to flow through the music.

And then something incredible happened. The melody he played was Carl's vanished melody. It flowed from his fingers as if it had never been lost. Max could hardly believe it. He had found the melody.

The music led Max to an old bookstore in Berlin that had been run by a family for generations. There, he met an elderly bookseller named Mr. Müller, who knew the story of Carl and his vanished melody.

Mr. Müller told Max that the notebook in which the melody was written had come into the possession of the bookstore many years ago. It had appeared at a flea market sale and proved to be valuable. The Müller family had kept it without knowing that it was Carl's lost masterpiece.

Max could hardly believe his luck. He explained to Mr. Müller how important this melody was to the city of Berlin and how deeply it touched people's hearts. Mr. Müller agreed to return the notebook and asked Max for one thing: a concert where Carl's melody would be brought back to life.

Max happily agreed, and soon the concert took place. The hall was filled to capacity, and people eagerly awaited to hear Berlin's vanished melody.

As Max played the melody on his violin, it filled the room with indescribable beauty. People felt the melody touch their hearts and evoke memories of times gone by. Tears of joy flowed, and applause erupted as Max finished his performance.

The vanished melody of Berlin was back, more alive and powerful than ever. It reminded people of what it meant to be Berliners and how music could reflect the soul of a city.

Max had fulfilled his mission, and he knew he was now part of Berlin's history. Carl's melody would never be forgotten again, and Max would carry it in his heart forever.

And so ended the story of Max and the vanished melody of Berlin, a tale of passion, music, and the unbreakable connection between a musician and his beloved city.

Der Geheimnisvolle Uhrmacher von Berlin

Berlin, eine Stadt, die für ihre Geschichte, Kultur und lebendige Atmosphäre bekannt ist, hatte auch ihre versteckten Geheimnisse. Eines dieser Geheimnisse fand sich in einer kleinen, unscheinbaren Uhrmacherwerkstatt, die in einem versteckten Winkel der Stadt verborgen war.

Die Werkstatt wurde von einem älteren Uhrmacher namens Friedrich geführt, der für seine außergewöhnlichen Fähigkeiten und sein tiefes Wissen in der Uhrmacherkunst bekannt war. Doch was die meisten Menschen nicht wussten, war, dass Friedrich nicht nur gewöhnliche Uhren reparierte, sondern auch Uhren schuf, die eine besondere Magie in sich trugen.

Es war ein sonniger Morgen, als ein junger Mann namens Jonas die Werkstatt betrat. Er hatte von den einzigartigen Uhren gehört, die Friedrich herstellte, und war neugierig, mehr darüber zu erfahren. Die Werkstatt war gefüllt mit einem unverwechselbaren Tick-Tack, und die Wände waren gesäumt von Regalen, auf denen die verschiedensten Uhren ausgestellt waren.

Friedrich, ein freundlicher Mann mit weißen Haaren und einer luftigen Werkstattschürze, begrüßte Jonas herzlich. "Willkommen in meiner Werkstatt, junger Mann. Wie kann ich Ihnen helfen?"

Jonas, der die Faszination in den Augen des Uhrmachers sah, erklärte seine Neugierde und bat darum, mehr über die magischen Uhren zu erfahren, von denen er gehört hatte.

Friedrich lächelte und nickte. "Ich kann sehen, dass Sie ein Herz für Uhren haben. Aber wissen Sie, dass nicht alle Uhren einfach nur die Zeit messen? Einige haben die Fähigkeit, die Zeit auf eine ganz besondere Weise zu beeinflussen."

Jonas war erstaunt. "Wie kann das möglich sein?"

Der Uhrmacher führte Jonas zu einem Tisch, auf dem eine Uhr in einem gläsernen Gehäuse lag. Diese Uhr war anders als alles, was Jonas je zuvor gesehen hatte. Ihr Zifferblatt schimmerte in verschiedenen Farben, und die Zeiger bewegten sich in einem sanften, fast hypnotischen Rhythmus.

"Folgen Sie den Zeigern", sagte Friedrich leise. "Beobachten Sie, wie sie die Zeit verändern."

Jonas starrte auf die Uhr und bemerkte, wie sich die Umgebung allmählich zu verändern schien. Die Menschen um ihn herum bewegten sich schneller, als ob sie in Eile wären, während die Geräusche der Stadt gedämpft wurden.

Friedrich erklärte: "Diese Uhr hat die Kraft, die Zeit um ihren Träger herum zu verlangsamen oder zu beschleunigen. Sie kann kostbare Momente verlängern oder unangenehme Augenblicke verkürzen."

Jonas konnte seinen Augen kaum trauen. Er war fasziniert von der Vorstellung, die Zeit auf diese Weise beeinflussen zu können.

"Woher haben Sie solche Uhren, und wie haben Sie gelernt, sie zu machen?"

Friedrich setzte sich an einen Tisch und begann zu erzählen. Er berichtete von einer alten Uhrmachertradition, die von Generation zu Generation weitergegeben wurde. Seine Familie hatte seit Jahrhunderten solche magischen Uhren hergestellt, und er war der letzte ihrer Linie.

"Die Geheimnisse dieser Uhren sind streng gehütet", sagte Friedrich. "Nicht jeder kann sie herstellen oder damit umgehen. Man muss ein tiefes Verständnis für die Zeit und eine aufrichtige Absicht haben, sie zu verwenden."

Jonas spürte, dass es mehr hinter dieser Uhrmacherwerkstatt gab, als auf den ersten Blick erkennbar war. Er fühlte sich von der Welt der magischen Uhren angezogen und fragte Friedrich, ob er bereit sei, in die Geheimnisse eingeweiht zu werden.

Friedrich betrachtete Jonas einen Moment lang, dann nickte er. "Sie scheinen jemand zu sein, der die Bedeutung der Zeit versteht. Ich werde Sie in die Kunst der magischen Uhren einweihen, aber seien Sie gewarnt, es ist eine Verantwortung, die Sie tragen werden."

Und so begann Jonas seine Ausbildung bei Friedrich, dem geheimnisvollen Uhrmacher von Berlin. Er lernte die feinsten Nuancen der Uhrmacherkunst und wie man die magische Kraft der Uhren kontrollierte. Friedrich zeigte ihm, wie man die Zeiger und Zifferblätter gestaltete, um die Zeit in verschiedenen Weisen zu beeinflussen.

Mit der Zeit entwickelte Jonas ein tiefes Verständnis für die magischen Uhren und ihre subtile Kraft. Er lernte, wie man die Zeit verlangsamen konnte, um kostbare Momente zu genießen, oder sie beschleunigen konnte, um unangenehme Situationen zu verkürzen. Doch Friedrich betonte immer wieder die Wichtigkeit, diese Macht mit Bedacht und Mitgefühl zu verwenden.

Eines Tages, als Jonas seine Fähigkeiten immer weiter verfeinerte, erzählte ihm Friedrich von einer besonderen Uhr, die als "Die Wächterin der Zeit" bekannt war. Diese Uhr hatte die Fähigkeit, nicht nur die Zeit zu beeinflussen, sondern auch Ereignisse in der Zukunft zu sehen.

"Die Wächterin der Zeit ist eine der mächtigsten magischen Uhren, die je geschaffen wurden", sagte Friedrich ernst. "Aber sie ist auch die gefährlichste, wenn sie in die falschen Hände gerät."

Jonas war fasziniert von dieser Uhr und ihrer Macht. Er spürte jedoch auch die Verantwortung, die damit einherging. Friedrich erklärte, dass die Uhr an einem geheimen Ort verborgen war und von Generation zu Generation von einem ausgewählten Uhrmacher bewacht wurde.

"Es ist Zeit, dass Sie lernen, die Wächterin der Zeit zu finden und zu bewachen", sagte Friedrich zu Jonas. "Aber Sie müssen darauf vorbereitet sein, sich den Prüfungen zu stellen, die auf Sie zukommen werden."

Jonas stimmte zu, und so begann seine Suche nach der Wächterin der Zeit. Er reiste durch Berlin und suchte nach Hinweisen, die ihn zu dieser mysteriösen Uhr führen würden.

Er traf auf Menschen, die ihm halfen, und solche, die ihm Hindernisse in den Weg legten.

Schließlich führte ihn eine Reihe von Rätseln und Herausforderungen zu einem alten Turm im Herzen von Berlin. In einem versteckten Raum innerhalb des Turms fand er die Wächterin der Zeit. Die Uhr war majestätisch und strahlte eine einzigartige Energie aus.

Jonas berührte die Uhr vorsichtig und spürte, wie die Zeit um ihn herum zu fließen schien. Er sah Visionen von Ereignissen in der Zukunft und erkannte die Verantwortung, die diese Uhr mit sich brachte.

Als er die Uhr zurück in die Werkstatt von Friedrich brachte, wusste er, dass er nun ein Hüter der Zeit war. Er hatte die Macht, die Zeit zu beeinflussen und Ereignisse in der Zukunft zu sehen, aber er trug auch die Verantwortung, diese Macht weise und mit Mitgefühl zu nutzen.

Friedrich, der stolz auf seinen Schüler war, lächelte. "Die Zeit ist ein Geschenk, Jonas. Nutze sie, um Gutes zu bewirken und die Welt zu einem besseren Ort zu machen."

Und so arbeiteten Jonas und Friedrich Seite an Seite in der Werkstatt, wo sie magische Uhren herstellten und die Zeit bewachten. Berlin kannte die geheimnisvolle Uhrmacherwerkstatt nicht, aber die Uhren, die von dort kamen, trugen die subtile Magie der Zeit in sich und berührten das Leben der Menschen auf unerklärliche Weise.

Die Geschichte von Jonas und Friedrich, dem geheimnisvollen Uhrmacher von Berlin, wurde zu einer Legende in der Stadt, eine Legende von Weisheit, Verantwortung und der unvergleichlichen Magie der Zeit. Und die Uhren, die sie schufen, bewahrten die Geheimnisse der Zeit für die kommenden Generationen.

The Mysterious Clockmaker of Berlin

Berlin, a city known for its history, culture, and vibrant atmosphere, also harbored hidden secrets. One of these secrets could be found in a small, inconspicuous clockmaker's workshop tucked away in a corner of the city.

The workshop was run by an elderly clockmaker named Friedrich, known for his extraordinary skills and deep knowledge of the art of clockmaking. However, what most people didn't know was that Friedrich didn't just repair ordinary clocks; he also crafted clocks imbued with a special kind of magic.

On a sunny morning, a young man named Jonas entered the workshop. He had heard about the unique clocks crafted by Friedrich and was curious to learn more. The workshop was filled with the distinctive ticking of clocks, and the walls were lined with shelves displaying a variety of timepieces.

Friedrich, a kindly man with white hair and an airy workshop apron, warmly welcomed Jonas. "Welcome to my workshop, young man. How can I assist you?"

Jonas, sensing the fascination in the clockmaker's eyes, explained his curiosity and asked to learn more about the magical clocks he had heard of.

Friedrich smiled and nodded. "I can see you have a heart for clocks. But do you know that not all clocks merely measure time? Some possess the ability to influence time in a very special way."

Jonas was astonished. "How can that be possible?"

The clockmaker led Jonas to a table where a clock lay encased in glass. This clock was unlike anything Jonas had ever seen. Its dial shimmered with various colors, and its hands moved in a gentle, almost hypnotic rhythm.

"Follow the hands," Friedrich said softly. "Observe how they alter time."

Jonas stared at the clock, noticing how the surroundings gradually seemed to change. People around him moved faster, as if in a hurry, while the city's sounds were muted.

Friedrich explained, "This clock has the power to slow down or speed up time around its bearer. It can prolong precious moments or shorten unpleasant ones."

Jonas could hardly believe his eyes. He was fascinated by the idea of being able to influence time in this way. "Where do you get such clocks, and how did you learn to make them?"

Friedrich sat at a table and began to tell his story. He recounted an ancient clockmaking tradition passed down through generations. His family had been creating such magical clocks for centuries, and he was the last of their lineage.

"The secrets of these clocks are closely guarded," Friedrich said. "Not everyone can craft them or handle them. One must have a deep understanding of time and a sincere intention to use them."

Jonas sensed that there was more to this clockmaker's workshop than met the eye. He felt drawn to the world of magical clocks and asked Friedrich if he was willing to be initiated into the secrets.

Friedrich regarded Jonas for a moment, then nodded. "You seem to be someone who understands the significance of time. I will initiate you into the art of magical clocks, but be warned, it is a responsibility you will carry."

And so, Jonas began his apprenticeship under Friedrich, the mysterious clockmaker of Berlin. He learned the intricacies of clockmaking and how to harness the magical power of the clocks. Friedrich showed him how to design the hands and dials to influence time in various ways.

Over time, Jonas developed a deep understanding of the magical clocks and their subtle power. He learned how to slow down time to savor precious moments or speed it up to shorten unpleasant situations. However, Friedrich repeatedly emphasized the importance of using this power wisely and with compassion.

One day, as Jonas continued to refine his skills, Friedrich told him about a special clock known as "The Guardian of Time." This clock had the ability not only to influence time but also to see events in the future.

"The Guardian of Time is one of the most powerful magical clocks ever created," Friedrich said gravely. "But it is also the most dangerous if it falls into the wrong hands."

Jonas was fascinated by this clock and its power. However, he also felt the weight of responsibility that came with it. Friedrich explained that the clock was hidden in a secret location and had been guarded by a chosen clockmaker from generation to generation.

"It's time for you to learn how to find and guard The Guardian of Time," Friedrich said to Jonas. "But you must be prepared to face the trials that await you."

Jonas agreed, and so began his quest to find The Guardian of Time. He traveled through Berlin, searching for clues that would lead him to this mysterious clock. He encountered people who helped him and others who placed obstacles in his path.

Eventually, a series of puzzles and challenges led him to an old tower in the heart of Berlin. In a hidden chamber within the tower, he discovered The Guardian of Time. The clock was majestic and radiated a unique energy.

Jonas touched the clock gently and felt time seem to flow around him. He saw visions of events in the future and realized the responsibility that came with this clock.

When he brought the clock back to Friedrich's workshop, he knew he was now a guardian of time. He had the power to influence time and see events in the future, but he also carried the responsibility of using this power wisely and with compassion.

Friedrich, proud of his student, smiled. "Time is a gift, Jonas. Use it to do good and make the world a better place."

And so, Jonas and Friedrich worked side by side in the workshop, crafting magical clocks and guarding time. Berlin remained unaware of the mysterious clockmaker's workshop, but the clocks that emerged from it carried the subtle magic of time within them and touched people's lives in inexplicable ways.

The tale of Jonas and Friedrich, the mysterious clockmaker of Berlin, became a legend in the city—a legend of wisdom, responsibility, and the unparalleled magic of time. And the clocks they crafted preserved the secrets of time for generations to come.

Der Geheimnisvolle Maler von Berlin

Berlin war nicht nur die Hauptstadt Deutschlands, sondern auch ein Ort, der Künstler aus der ganzen Welt anzog. In den verwinkelten Straßen und den pulsierenden Künstlervierteln der Stadt gab es eine Geschichte, die kaum jemand kannte, bis eines Tages ein junger Maler namens Leo sie enthüllte.

Leo war ein aufstrebender Künstler, der aus einer kleinen Stadt nach Berlin gezogen war, um seine Leidenschaft für die Kunst zu verfolgen. Er hatte von der kreativen Energie der Stadt gehört und war entschlossen, seinen Platz in der aufstrebenden Kunstszene zu finden.

Eines Tages, während er durch den historischen Bezirk Mitte schlenderte, fiel sein Blick auf ein verlassenes Gebäude. Die Fenster waren mit Brettern vernagelt, und die Fassade war von Graffiti übersät. Aber das, was Leo besonders bemerkenswert fand, war eine Tür, die halb geöffnet war und den Zugang zu einem alten, verlassenen Atelier gewährte.

Die Neugier trieb Leo dazu, das verlassene Atelier zu betreten. Als er den Raum betrat, konnte er kaum glauben, was er sah. Die Wände waren mit Gemälden bedeckt, die eine erstaunliche Vielfalt an Stilen und Techniken zeigten. Es war, als ob die Seele eines Künstlers auf Leinwand gebannt worden war.

Leo stöberte durch die Gemälde und entdeckte eine Signatur, die auf jedem Werk auftauchte: "Elena." Es war offensichtlich, dass diese Elena eine außergewöhnliche Künstlerin gewesen sein musste, aber niemand schien von ihr zu wissen.

Leo beschloss, mehr über Elena herauszufinden und begann, ihre Gemälde zu studieren. Er war fasziniert von ihrer Fähigkeit, Emotionen und Geschichten in Farbe und Form zu verwandeln. Ihre Werke schienen das Herz von Berlin und die Seele seiner Bewohner zu erfassen.

Die Suche nach Elena führte Leo zu den älteren Bewohnern des Viertels, die sich noch an sie erinnerten. Sie erzählten ihm, dass Elena vor vielen Jahren in Berlin gelebt und gemalt hatte. Sie war eine zurückgezogene Künstlerin, die nur wenigen Vertrauten Einblick in ihre Arbeit gewährte.

Je mehr Leo über Elena erfuhr, desto mehr wollte er ihre Kunst weiterführen. Er beschloss, das verlassene Atelier in Ehren ihres Erbes wiederzubeleben. Mit Unterstützung der Nachbarschaft und einiger Gleichgesinnter verwandelte er den verfallenen Raum in ein lebendiges Künstleratelier.

Leo begann, in Elenas Stil zu malen und sich von den Geschichten und der Kultur Berlins inspirieren zu lassen. Er spürte, wie ihre künstlerische DNA ihn durchdrang und seine eigenen Werke zu neuem Leben erweckte. Bald begannen die Menschen, sein Atelier zu besuchen und seine Kunst zu bewundern.

Eines Tages, als Leo gerade an einem Gemälde arbeitete, spürte er eine eigenartige Präsenz im Raum. Er drehte sich um und konnte kaum glauben, was er sah. Eine Frau stand vor ihm, mit einem leichten Lächeln auf den Lippen.

"Du malst in meinem Stil", sagte die Frau ruhig.

Leo war sprachlos. Er erkannte sofort, dass die Frau vor ihm Elena war. Es war, als ob sie aus ihren eigenen Gemälden gestiegen wäre, um ihn zu treffen.

Elena erklärte, dass sie seit vielen Jahren die Welt bereist hatte und erst kürzlich nach Berlin zurückgekehrt war. Als sie von Leos Bemühungen erfuhr, ihr Erbe zu bewahren, war sie neugierig geworden und hatte beschlossen, ihn aufzusuchen.

Die beiden Künstler verbrachten Stunden damit, über Kunst, Berlin und das Leben zu sprechen. Elena erzählte Leo von ihrer kreativen Reise und den inspirierenden Orten, die sie besucht hatte. Leo wiederum teilte seine Begeisterung für ihre Arbeit und wie sie sein eigenes Schaffen beeinflusst hatte.

Schließlich schlug Elena vor, gemeinsam an einem Kunstprojekt zu arbeiten, das ihre beiden Stile vereinen sollte. Die Idee begeisterte Leo, und so begannen sie eine Serie von Gemälden, die die Vergangenheit und die Gegenwart Berlins miteinander verschmelzen ließen.

Die Werke von Leo und Elena wurden zu einer Sensation in der Berliner Kunstszene. Ihre Ausstellungen zogen Menschen aus aller Welt an, und ihre Gemälde erzählten die Geschichten Berlins auf eine einzigartige und bewegende Weise.

Die Geschichte von Leo und Elena, dem geheimnisvollen Maler von Berlin, wurde selbst zu einer Legende. Sie zeigte, dass die Kunst die Zeiten überdauern und Menschen über Generationen hinweg verbinden kann. Berlin, die Stadt der Künstler und

Geschichten, hatte eine neue Legende, die in den Farben und Formen ihrer Werke weiterleben würde.

The Mysterious Painter of Berlin

Berlin was not just the capital of Germany; it was also a place that attracted artists from all over the world. In its winding streets and vibrant artist neighborhoods, there was a story that hardly anyone knew until one day a young painter named Leo revealed it.

Leo was an aspiring artist who had moved from a small town to Berlin to pursue his passion for art. He had heard about the city's creative energy and was determined to find his place in the emerging art scene.

One day, while strolling through the historic district of Mitte, his gaze fell upon an abandoned building. The windows were boarded up, and the facade was covered in graffiti. But what particularly caught Leo's attention was a half-open door that granted access to an old, abandoned studio.

Curiosity drove Leo to enter the deserted studio. As he stepped inside, he could hardly believe what he saw. The walls were covered with paintings that displayed an astonishing variety of styles and techniques. It was as if the soul of an artist had been captured on canvas.

Leo browsed through the paintings and discovered a signature that appeared on each artwork: "Elena." It was evident that this Elena must have been an exceptional artist, but it seemed that no one knew of her.

Leo decided to learn more about Elena and began studying her paintings. He was fascinated by her ability to transform emotions and stories into color and form. Her works seemed to capture the heart of Berlin and the soul of its inhabitants.

The search for Elena led Leo to the older residents of the neighborhood, some of whom still remembered her. They told him that Elena had lived and painted in Berlin many years ago. She was a reclusive artist who only granted a few trusted individuals insight into her work.

The more Leo learned about Elena, the more he wanted to continue her art. He decided to revive the abandoned studio in her honor. With the support of the community and like-minded individuals, he transformed the dilapidated space into a vibrant artist's studio.

Leo began to paint in Elena's style and draw inspiration from the stories and culture of Berlin. He felt as though her artistic DNA had permeated him, breathing new life into his own creations. Soon, people started visiting his studio to admire his art.

One day, while Leo was working on a painting, he felt a peculiar presence in the room. He turned around and could hardly believe his eyes. A woman stood before him, with a gentle smile on her lips.

"You are painting in my style," the woman said calmly.

Leo was speechless. He immediately recognized that the woman before him was Elena. It was as if she had stepped out of her own paintings to meet him.

Elena explained that she had been traveling the world for many years and had only recently returned to Berlin. Upon learning about Leo's efforts to preserve her legacy, she became curious and decided to pay him a visit.

The two artists spent hours talking about art, Berlin, and life. Elena shared her creative journey and the inspiring places she had visited. Leo, in turn, shared his enthusiasm for her work and how it had influenced his own.

Eventually, Elena suggested that they collaborate on an art project that would blend their two styles. Leo was thrilled by the idea, and they began a series of paintings that merged the past and present of Berlin.

The works of Leo and Elena became a sensation in the Berlin art scene. Their exhibitions attracted people from all over the world, and their paintings told the stories of Berlin in a unique and moving way.

The story of Leo and Elena, the mysterious painter of Berlin, became a legend itself. It showed that art could endure through the ages and connect people across generations. Berlin, the city of artists and stories, had a new legend that would live on in the colors and forms of their works.